IU BEST PIANO SCORE

음악세계

아이유 베스트 피아노 스코어

KB221119

음악세계

저자 소개

라몽 피아노
Ramong Piano

'라몽 피아노' 김정현은 한양여자대학에서 실용음악과 재즈피아노를 전공하고 평소 악보 제작에 관심이 많아 개인 블로그를 오픈 해 입시 곡, CCM, 가요 등의 악보 제작일을 하였습니다. 이 경험을 통해서 국내 최대 피아노 커뮤니티(마피아) 콘텐츠 악보 팀의 전속으로 피아노 편곡 악보를 만들기 시작하였고 많은 분들의 호응으로 라몽 피아노 채널을 개설하였습니다. 현재 유튜브 운영과 동시에 레슨, 공연, 악보 제작자로 활발히 활동 중이며, 라몽 피아노 음악 교습소를 운영하고 있습니다. 유튜브 채널에서는 다양한 장르의 피아노 커버 연주곡을 감상하실 수 있습니다.

 라몽 피아노 유튜브 채널 Ramong Piano YouTube Channel
https://www.youtube.com/ramongpiano

History of IU

6th Mini Album The Winning *2024*

01 Shopper 02 홀씨 03 Shh.. (Feat. 혜인(HYEIN), 조원선 & Special Narr. 패티김)
04 Love wins all 05 관객이 될게 (I stan U)

Special Mini Album 조각집 *2021*

01 드라마 02 정거장 03 겨울잠 04 너 05 러브레터

5th Album LILAC *2021*

01 라일락 02 Flu 03 Coin 04 봄 안녕 봄 05 Celebrity 06 돌림노래 (Feat. DEAN)
07 빈 컵 (Empty Cup) 08 아이와 나의 바다 09 어푸 (Ah puh) 10 에필로그

5th Mini Album Love poem *2019*

01 unlucky 02 그 사람 03 Blueming 04 시간의 바깥 05 자장가 06 Love poem

Remake Album 꽃갈피 둘 *2017*

01 가을 아침 02 비밀의 화원 03 잠 못 드는 밤 비는 내리고 04 어젯밤 이야기 05 개여울
06 매일 그대와

4th Album Palette *2017*

01 이 지금 02 팔레트 (Feat. G-DRAGON) 03 이런 엔딩 04 사랑이 잘 (With 오혁) 05 잼잼
06 Black Out 07 마침표 08 밤편지 09 그렇게 사랑은 10 이름에게

4th Mini Album CHAT-SHIRE *2015*

01 새 신발　02 Zeze　03 스물셋　04 푸르던　05 Red Queen (Feat. Zion.T)　06 무릎　07 안경

Remake Album 꽃갈피 *2014*

01 나의 옛날이야기　02 꽃　03 삐에로는 우릴 보고 웃지　04 사랑이 지나가면
05 너의 의미 (Feat. 김창완)　06 여름밤의 꿈　07 꿍따리 샤바라 (Feat. 클론)

3rd Album Modern Times – Epilogue *2013*

01 금요일에 만나요 (Feat. 장이정 of HISTORY)　02 크레파스 (드라마 '예쁜 남자' 삽입곡)　03 을의 연애 (With 박주원)
04 누구나 비밀은 있다 (Feat. 가인 of Brown Eyed Girls)　05 입술 사이 (50cm)　06 분홍신　07 Modern Times
08 싫은 날　09 Obliviate　10 아이야 나랑 걷자 (Feat. 최백호)　11 Havana　12 우울시계 (Feat. 종현 of SHINee)
13 한낮의 꿈 (Feat. 양희은)　14 기다려　15 (Bonus Track) Voice Mail (Korean Ver.)

Single Album 스무 살의 봄 *2012*

01 복숭아　02 하루 끝　03 그 애 참 싫다

2nd Album Last Fantasy *2011*

01 비밀　02 잠자는 숲 속의 왕자 (Feat. 윤상)　03 별을 찾는 아이 (Feat. 김광진)　04 너랑 나　05 벽지무늬
06 삼촌 (Feat. 이적)　07 사랑니　08 Everything's Alright (Feat. 김현철)　09 Last Fantasy
10 Teacher (Feat. Ra.D)　11 길 잃은 강아지　12 4AM　13 라망 (L'amant)

3rd Mini Album Real *2010*

01 이게 아닌데　02 느리게 하는 일　03 좋은 날　04 첫 이별 그날 밤　05 혼자 있는 방
06 미리 메리 크리스마스 (Feat. 천둥 of MBLAQ)

2nd Mini Album IU...IM *2009*

01 Love attack　02 기차를 타고　03 마쉬멜로우　04 아침 눈물　05 두근 두근 데이트

1st Album **Glowing Up** *2009*

01 바라보기 02 Boo 03 가여워 04 A Dreamer 05 Every Sweet Day 06 미아 07 나 말고 넷
08 있잖아 (Feat. 마리오) 09 졸업하는 날 10 Feel So Good 11 미운 오리 12 마주보기 (바라보기 그 후)
13 미아 (Acoustic Ver.) 14 있잖아 (Rock Ver.)

1st Mini Album **Lost And Found** *2008*

01 미운오리 02 미아 03 있잖아 (Feat. 마리오) 04 Feel So Good 05 Every Sweet Day

Single Album

Strawberry moon *2021*

에잇 (Prod.&Feat. SUGA of BTS) *2020*

첫 겨울이니까 (With 성시경) *2019*

삐삐 *2018*

마음 *2015*

잔소리 (With 임슬옹 of 2AM), Rain Drop *2010*

Drama O. S. T.

마음을 드려요 | 사랑의 불시착 *2020*

Our Happy Ending | 호텔 델루나 *2019*

내 손을 잡아 | 최고의 사랑 *2011*

Someday | 드림하이 *2011*

여자라서 | 로드넘버원 *2010*

Danny Boy | 낙원 *2009*

아라로, 바람꽃(E.S) | 선덕여왕 *2009*

그러는 그대는 | 2009 외인구단 *2009*

Collaboration

Mother Nature (H$_2$O) (With 강승원) | 강승원 이집 Mother Nature (H$_2$O) *2022*

Into the I-LAND | I-LAND Part 1 Signal Song *2020*

레옹 (With 박명수) | MBC 무한도전 영동고속도로 가요제 *2015*

소격동 | 소격동 프로젝트 *2014*

애타는 마음 (With 울랄라세션) | The Lyrics No.5 *2014*

봄 사랑 벚꽃 말고 (With 하이포(HIGH4)) *2014*

달빛바다 (With 피에스타(FIESTAR)) | LOEN TREE Summer Story *2012*

얼음꽃 (With 김연아) | SBS 김연아의 KISS & CRY 주제가 *2011*

그대네요 (With 성시경) | 성시경 Single Album *2010*

사랑을 믿어요 (With 유승호) | KBS 사랑의 리퀘스트 *2010*

다섯째 손가락 | 텔레시네마 프로젝트 Vol.6 - 다섯째 손가락 *2010*

첫사랑이죠 (With 나윤권) | SBS 파워 FM 정지영의 스위트 뮤직박스 *2010*

난 사랑을 아직 몰라 | MBC 음악여행 라라라 Live Vol.5 *2009*

차
례

Shopper
6th Mini Album | The Winning *2024*
8

홀씨
6th Mini Album | The Winning *2024*
12

Shh.. (Feat. 혜인(HYEIN), 조원선 & Special Narr. 패티김)
6th Mini Album | The Winning *2024*
16

Love wins all
6th Mini Album | The Winning *2024*
22

관객이 될게 (I stan U)
6th Mini Album | The Winning *2024*
28

드라마
Special Mini Album | 조각집 *2021*
33

Strawberry moon
Single Album | Strawberry moon *2021*
36

라일락
5th Album | LILAC *2021*
40

Celebrity
5th Album | LILAC *2021*
46

에잇 (Prod.&Feat. SUGA of BTS)
Single Album | 에잇 (Prod.&Feat. SUGA of BTS) *2020*
50

첫 겨울이니까 (성시경, 아이유)
Single Album | 첫 겨울이니까 *2019*
53

unlucky
5th Mini Album | Love poem *2019*
58

그 사람
5th Mini Album | Love poem *2019*
64

Blueming
5th Mini Album | Love poem *2019*
68

시간의 바깥
5th Mini Album | Love poem *2019*
72

자장가
5th Mini Album | Love poem *2019*
78

Love poem
5th Mini Album | Love poem *2019*
82

Our Happy Ending
Drama O.S.T. | 호텔 델루나 *2019* 88

삐삐
Single Album | 삐삐 *2018* 92

비밀의 화원
Remake Album | 꽃갈피 둘 *2017* 96

이 지금
4th Album | Palette *2017* 102

팔레트 (Feat. G-Dragon)
4th Album | Palette *2017* 107

이런 엔딩
4th Album | Palette *2017* 112

사랑이 잘 (With 오혁)
4th Album | Palette *2017* 116

밤편지
4th Album | Palette *2017* 120

이름에게
4th Album | Palette *2017* 124

스물셋
4th Mini Album | CHAT-SHIRE *2015* 128

무릎
4th Mini Album | CHAT-SHIRE *2015* 132

마음
Single Album | 마음 *2015* 138

너의 의미 (Feat. 김창완)
Remake Album | 꽃갈피 *2014* 142

금요일에 만나요 (Feat. 장이정 of HISTORY)
3rd Album Repackage | Modern Times – Epilogue *2013* 146

내 손을 잡아
Drama O.S.T. | 최고의 사랑 *2011* 152

너랑 나
2nd Album | Last Fantasy *2011* 158

좋은 날
3rd Mini Album | Real *2010* 164

미리 메리 크리스마스 (Feat. 천둥 of MBLAQ)
3rd Mini Album | Real *2010* 170

Shopper

아
이
유
·
IU

작사 아이유(IU)　**작곡** 이종훈, 이채규　**편곡** 라몽 피아노

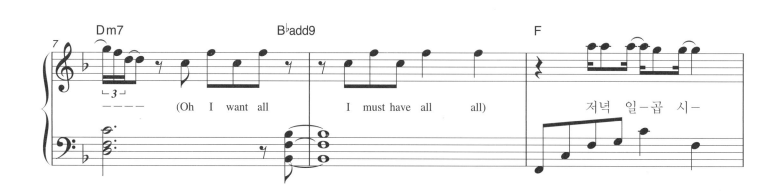

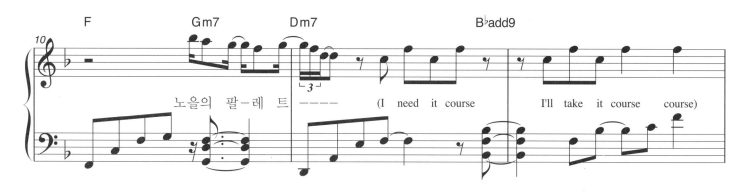

아
이
유
·
IU

작사 아이유(IU) **작곡** 아이유(IU), 이종훈, 이채규 **편곡** 라몽 피아노

♩=86

내가누울 자 린아 마도 한참 —더 위 로   아 니적당히

미 끈한 곳에 뿌 리내리긴   싫어   내뒤로착   착 따라붙어 다예쁘게 줄

지어 —   난 기어코하 늘 에필 래음 What a ti - ny   lea-der   lea lea-der

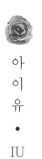

아이유 · IU

Shh..

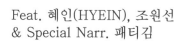

Feat. 혜인(HYEIN), 조원선
& Special Narr. 패티김

작사 아이유(IU) **작곡** 홍소진, 이종훈, 이채규 **편곡** 라몽 피아노

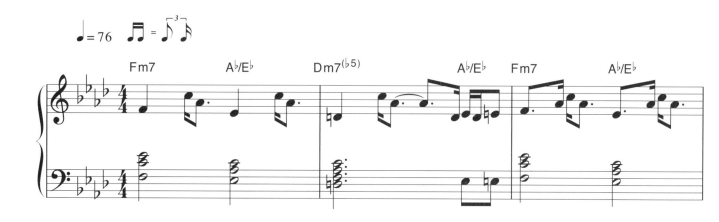

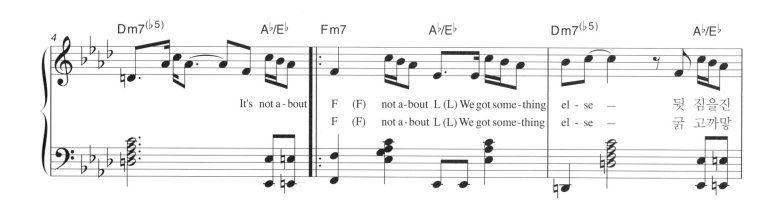

It's not a-bout   F   (F)   not a-bout L (L) We got some-thing   el - se —   뒷 짐을진
F   (F)   not a-bout L (L) We got some-thing   el - se —   굵 고까맣

채 (F) 따라갈 래 (L) 그녀의긴   발 자국－－   － 서 로를 이어 － (서로를 이어)－How spe-cial we are
게 (F)땋은양갈 래 (L) 이야길담   은 입술－－   － 서 로를 이어 － (서로를 이어)－How spe-cial we are

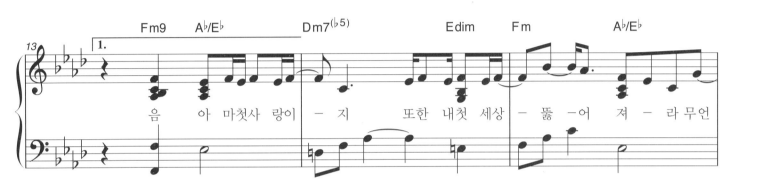

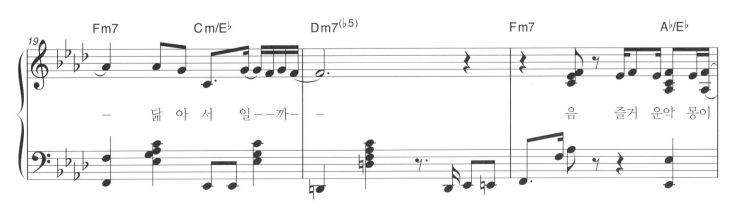

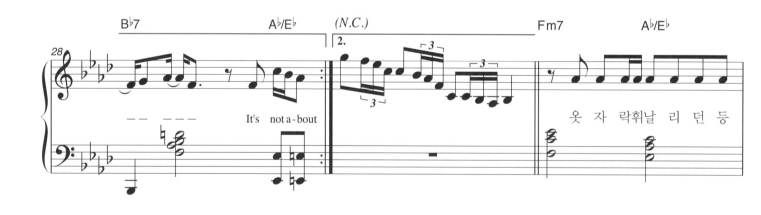

Love
poem

사랑
시

지은이
아이유

Love wins all

아이유
IU

작사 아이유(IU) **작곡** 서동환 **편곡** 라몽 피아노

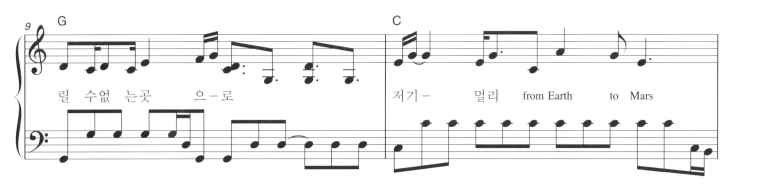

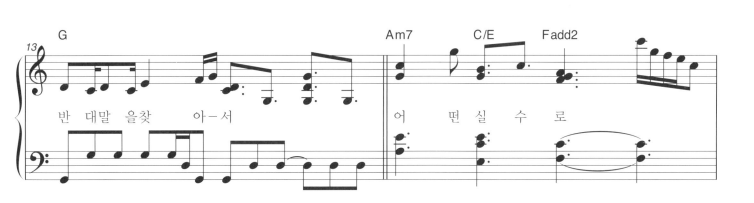

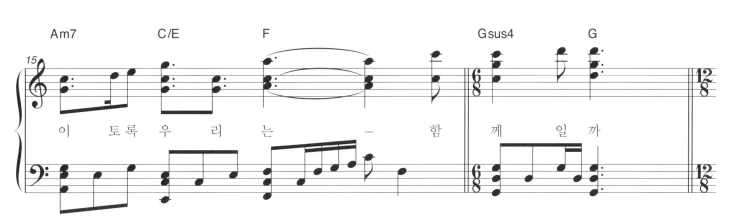

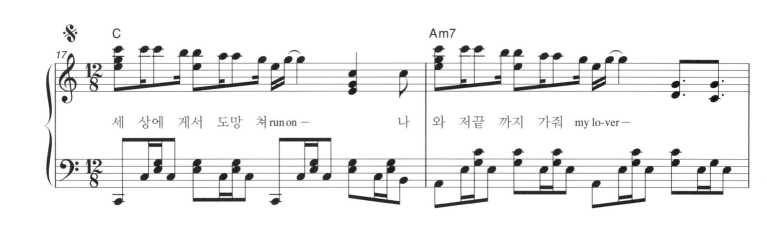

세 상에 게서 도망 쳐 run on – 나 와 저끝 까지 가줘 my lo-ver –

나 쁜결 말 일 까 길잃은 우 리 둘 ––––– um

부 서지 도록 나를 꼭안아 – 더 사 랑히 내게 입맞 춰 lo-ver –

Love ––– – is all Love ––– – is all Love Love Love Love

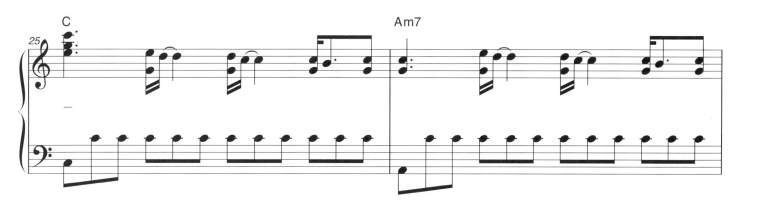

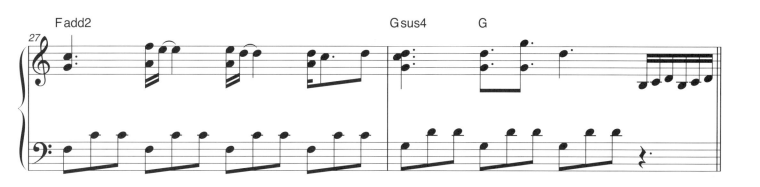

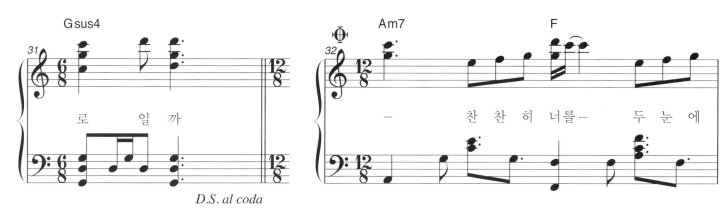

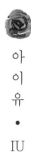

관객이 될게 (I Stan U)

작사 아이유(IU) **작곡** 제휘, 김희원 **편곡** 라몽 피아노

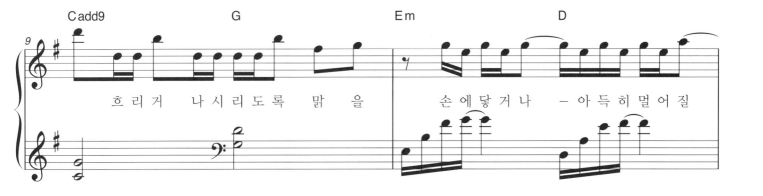

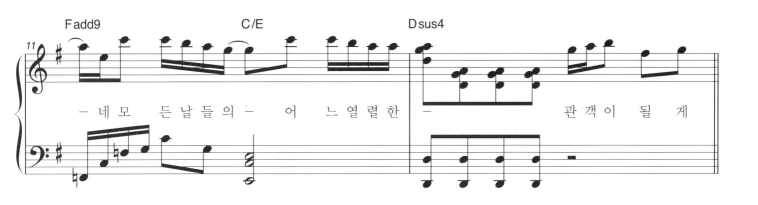

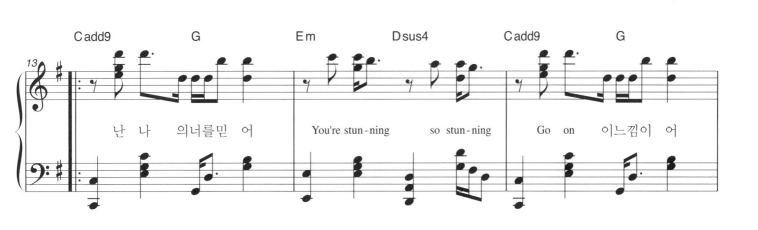

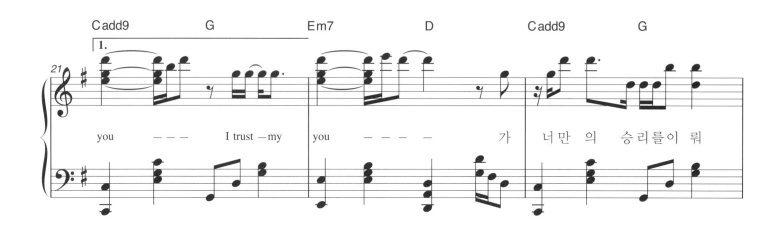

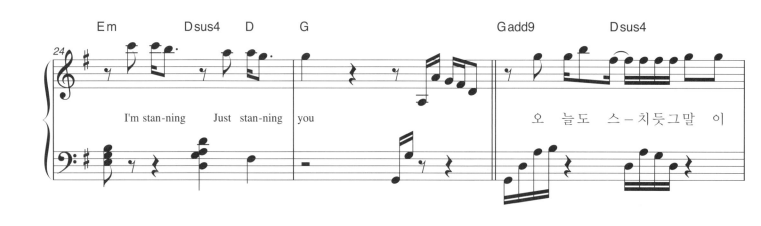

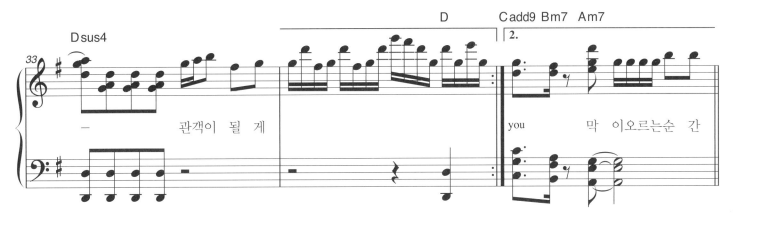

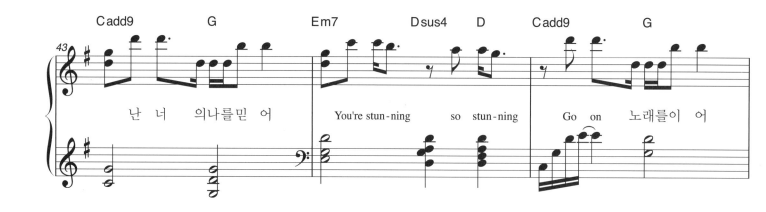

드라마

작사 · 작곡 아이유(IU)　**편곡** 라몽 피아노

도 한때는 그이 의손을잡고 내가 온 세상주 인공 이 된듯꽃

송 이의꽃 잎하 나하나까지 모두 날 위해피 어났 지

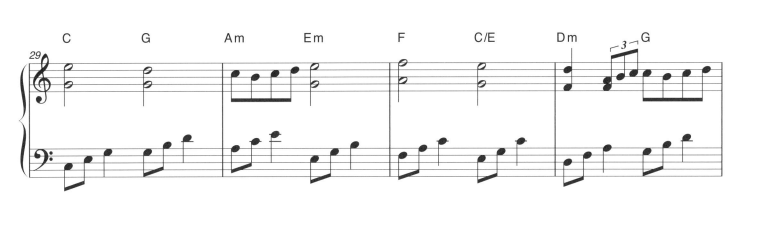

게　　　　　끝났는 지조차 모르게

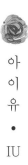

Strawberry moon

아이유 · IU

작사 아이유(IU)   작곡 아이유(IU), 이종훈   편곡 라몽 피아노

달 ─ 이 익어 가니─서둘러
다 ─ 시 마주 하기─어려운

젊 은─ 피야─
행 운─ 이야─

민──들 레한 송이─들
온──몸 에심 장이─뛰

고 ─────
어 ─────

사랑─이 어지 러이─떠다니 는 밤─ 이야─
Oh오─히 려기 꺼이─헤매고 픈 밤─ 이야─

날 아 가 사 뿐 히이─루
너 와 길─ 잃 을 수있─다

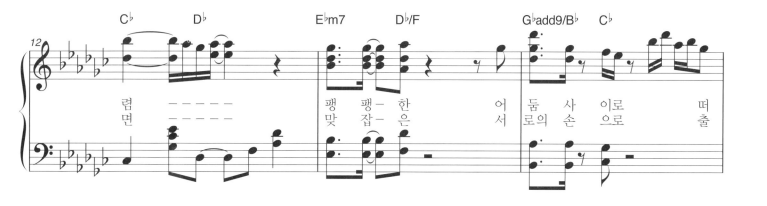

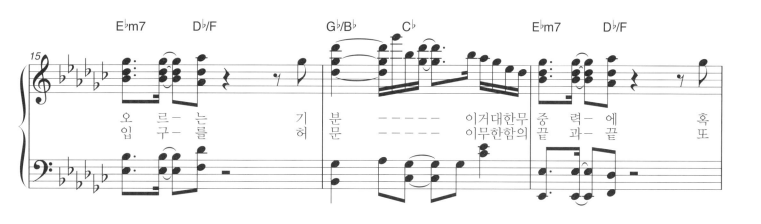

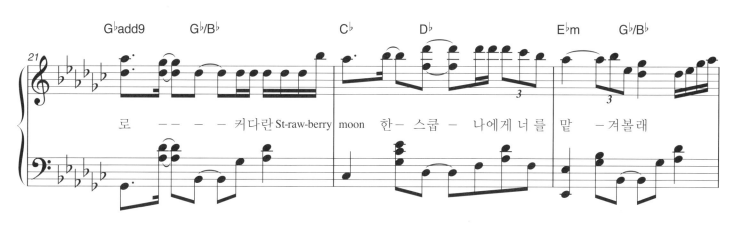

eh   oh   바람을세로질러 — — — — 날아오르는기분 so — cool — 삶이어떻게

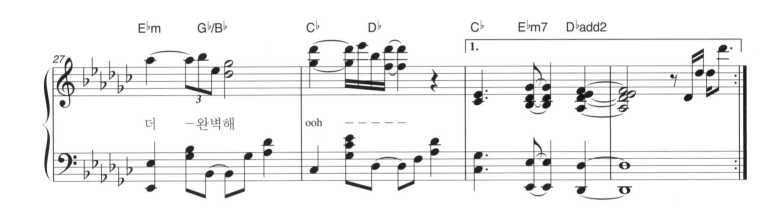

더 —완벽해   ooh — — — — —

놀라 — 워이보다 —   꿈같 — 은순간이 —   또 있 — — 을까

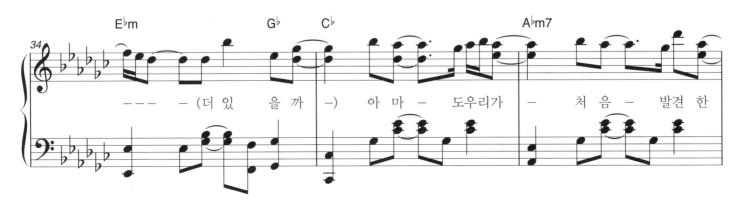

— — — — (더 있 을 까 —) 아 마 — 도우리가 — 처 음 — 발견한

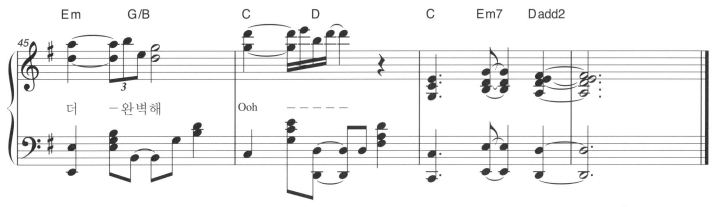

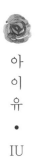

아
이
유
·

IU

라일락

작사 아이유(IU)　**작곡** N!KO, 웅킴, DR.JO, 임수호　**편곡** 라몽 피아노

♩= 112

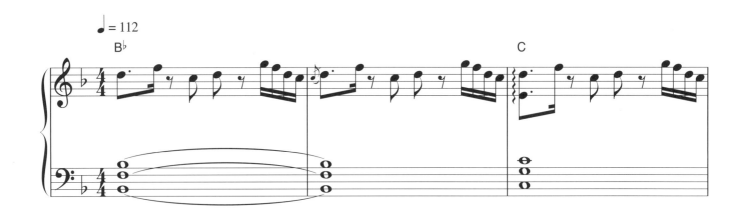

나리는꽃 가루에　눈 이　따끔 해　(아 야) 눈 물이고

여 도　꾹 참을래　내 마음 한 켠　비밀스 ― 런 오르 골 ― 에

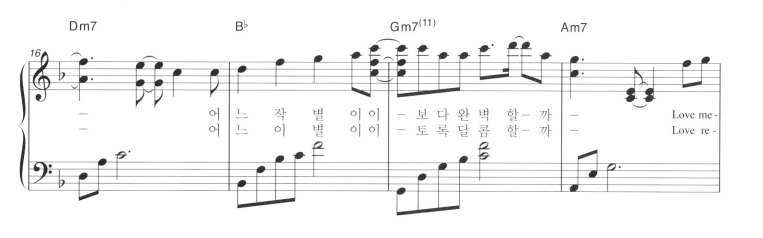

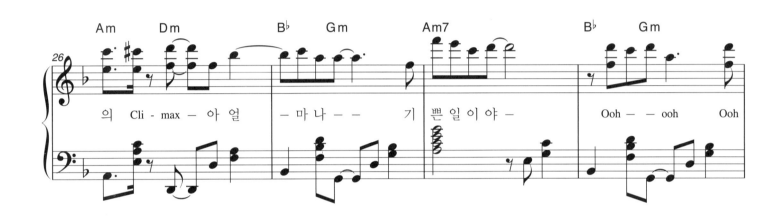

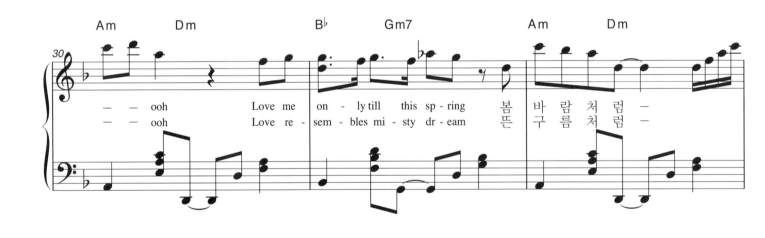

기분이 달아콧 노 래 부르네 (랄 라) 입 꼬리는

살 짝 올린 채 어 쩜 이렇게 하늘 은– 더 바람 은– 또

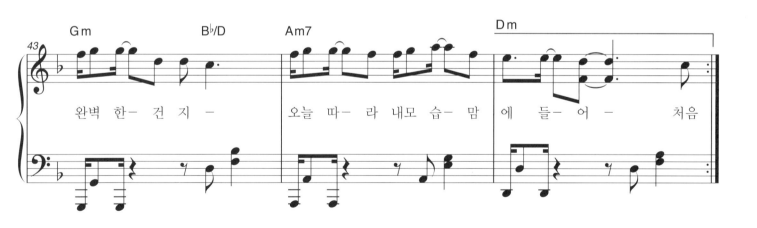

완벽 한– 건 지– 오늘 따– 라 내모 습– 맘 에 들 어– 처음

너 도 언 젠– 가 날 잊게 될 까– 지 금 표 정 과– 오늘– 의 향 기 도

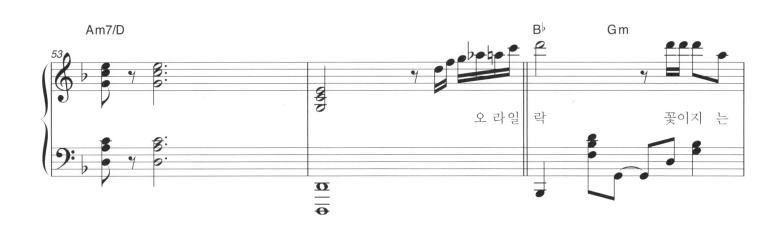

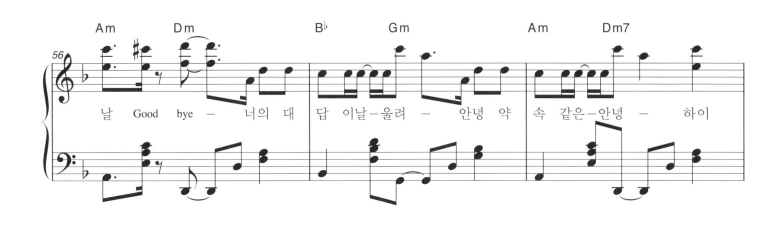

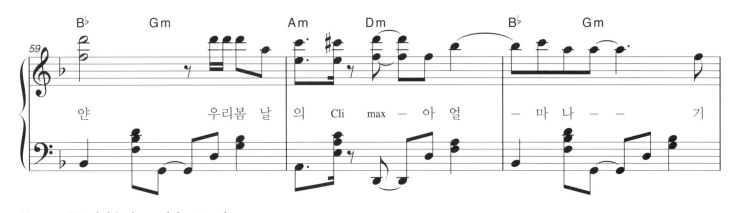

아
이
유
·

IU

celebrity

작사 아이유(IU)　　**작곡** 아이유(IU) 외 5명　　**편곡** 라몽 피아노

세 상의　모 서리－구 부 정 하 게 커 버 린－골 칫 거 리 Out-si-der

걸 음 걸 이　옷 차 림－이 어 폰 너 머 Play list 음

악 까 지 다 mi-nor　　　　넌　모 르　지　떨
　　　　　　　　　　　　넌　모 르　지　아

군　고개 위　환한　빛　조명 이　(어딜　비　추는　지)　느려
직　못다 핀　널위　해　쓰여 진　(오래　된　사랑　시)　헤매

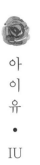

에잇

Prod.&Feat. SUGA of BTS

아 이 유 · IU

작사 아이유(IU), SUGA   **작곡** 아이유, SUGA, EL CAPITXN   **편곡** 라몽 피아노

첫 겨울이니까

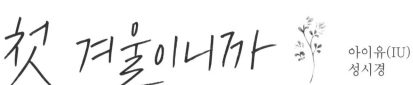

아이유(IU)
성시경

작사 · 작곡 이규호　**편곡** 라몽 피아노

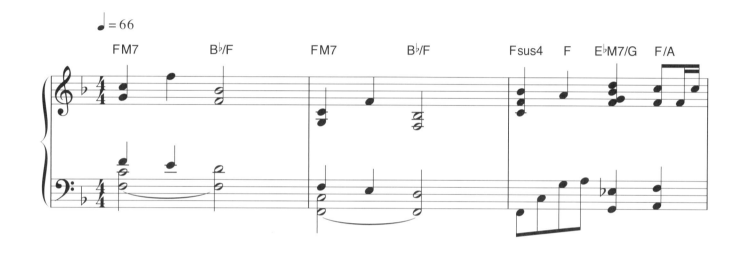

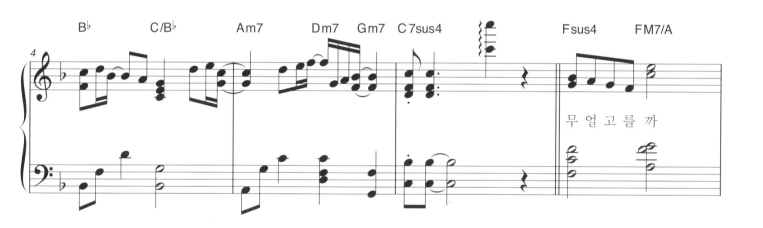

무얼고를까

추 운 겨울 이 니　까　　캐시미어 스웨 터 는 ―　어떨까 ―　　처음이 니 까

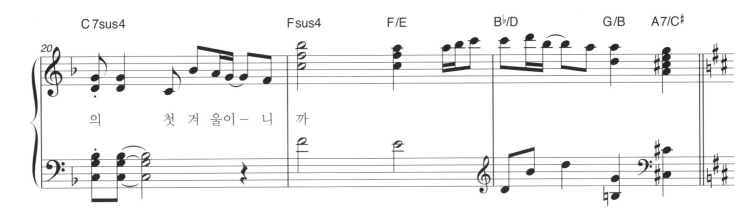

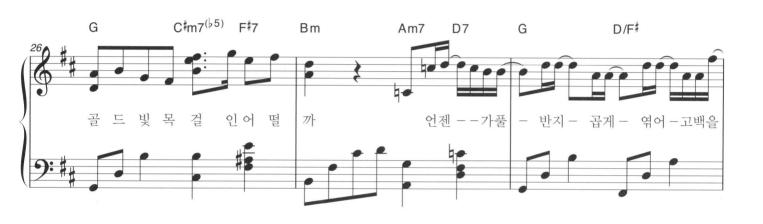

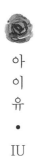

unlucky

작사 아이유(IU)　**작곡** 제휘　**편곡** 라몽 피아노

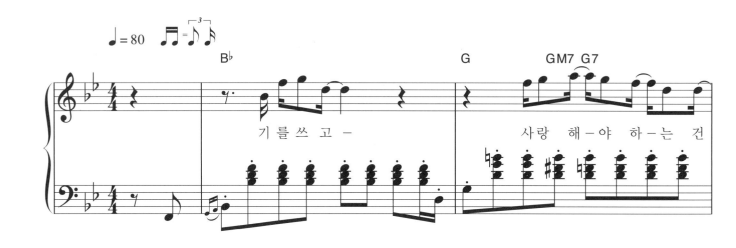

기를쓰고 —　사랑 해 — 야 하 — 는 건

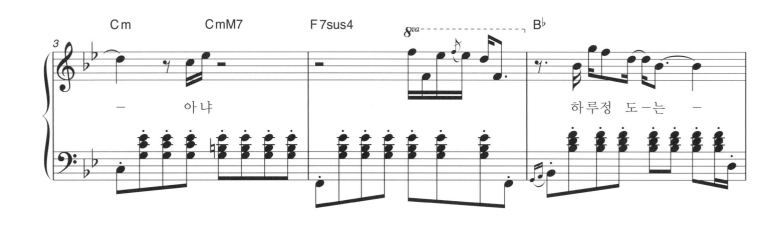

— 아냐　하루정 도 — 는 —

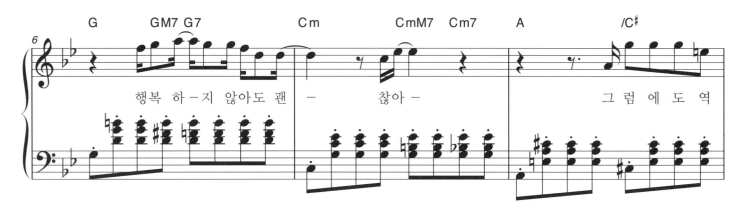

행복 하 — 지 않아도 괜 — 찮아 —　그 럼 에 도 역

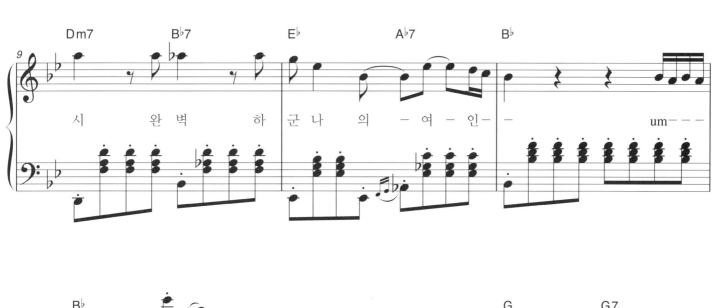

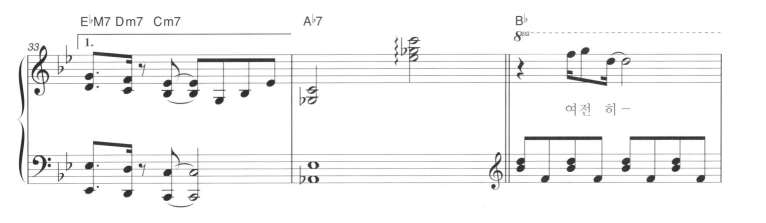

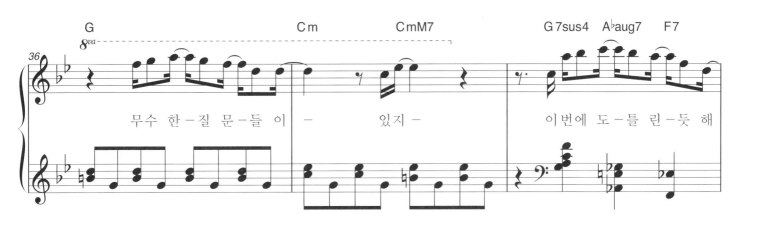

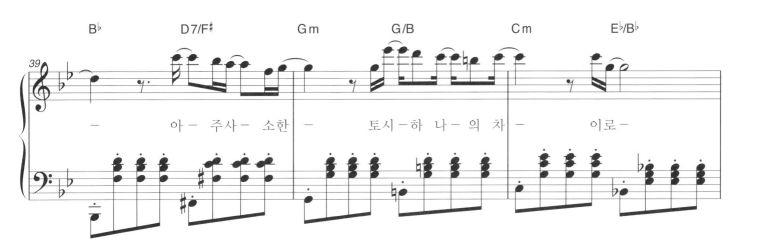

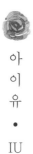

그 사람

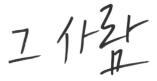

작사 · 작곡 아이유(IU) **편곡** 라몽 피아노

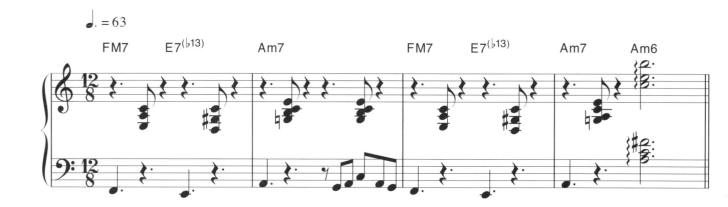

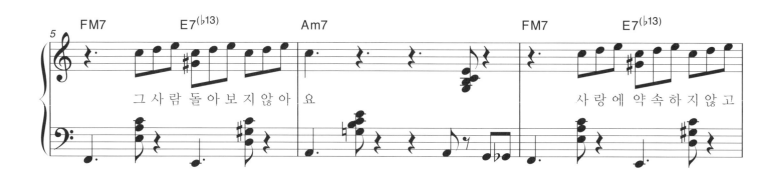

그 사람 돌아보지 않아 요   사랑에 약속하지 않고

요   매일을 춤 추듯이 살아 서   한 순간 도

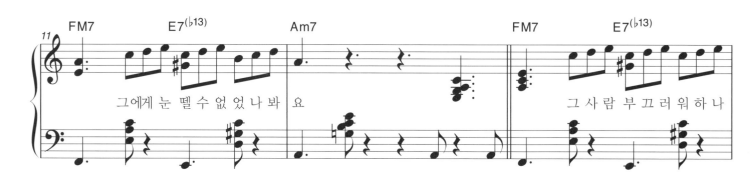

그에게 눈 뗄 수 없었 나 봐 요   그 사람 부끄러워하나

Blueming

작사 아이유(IU)　**작곡** 이종훈, 이채규, 아이유(IU)　**편곡** 라몽 피아노

아이유 · IU

아
이
유
·
IU

시간의 바깥

작사 아이유(IU) **작곡** 이민수 **편곡** 라몽 피아노

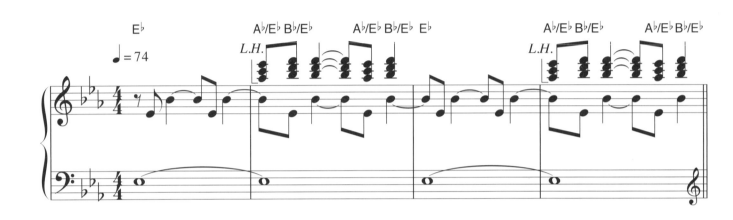

서로를 닮 아기울어진 삶　소원을 담 아차오르는 달　하려다 만 괄호속의 말　이 제─야　음 음─음

어디도 닿 지않는나의 닻 넌　영원히 도 착 할 수 없 는　섬 같─아 헤매 던─날

이 제─야　음 음─음　기록하 지않아 도　(서 둘러 도─ 둘러)

5th Mini Album | Love poem

자장가

작사 아이유(IU)　**작곡** 김희원　**편곡** 라몽 피아노

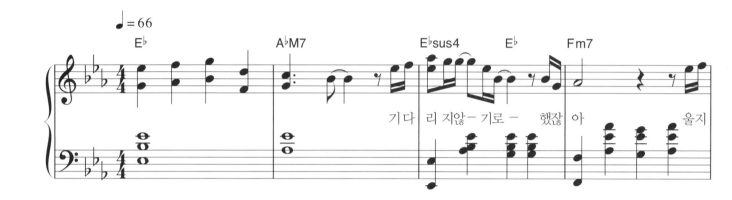

자장가 79

Love poem

작사 아이유(IU)　　**작곡** 이종훈　　**편곡** 라몽 피아노

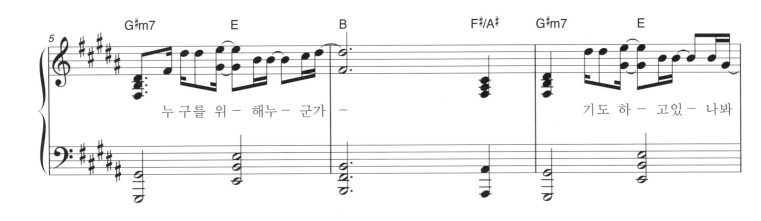

누구를 위 – 해누 – 군가 –　　　　기도 하 – 고있 – 나봐

– – – –　　숨죽여쓴 – 사랑 – 시가 – – –

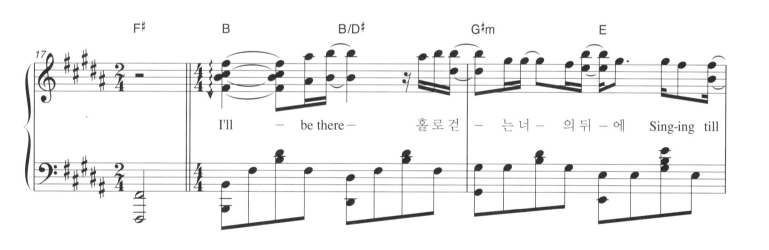

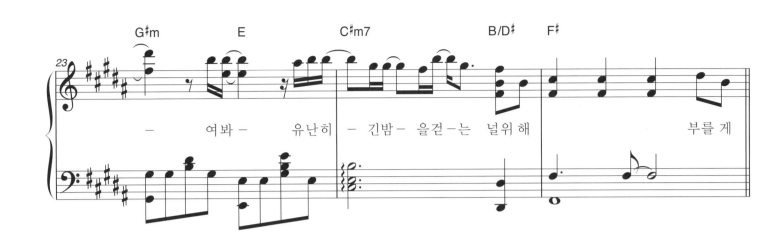

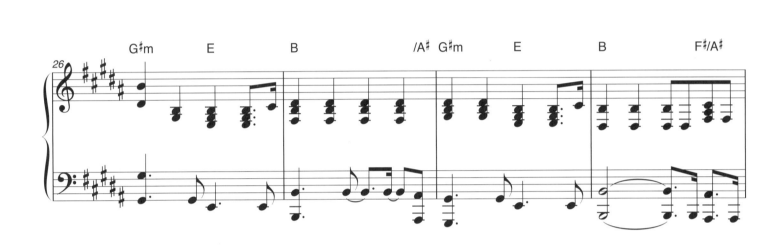

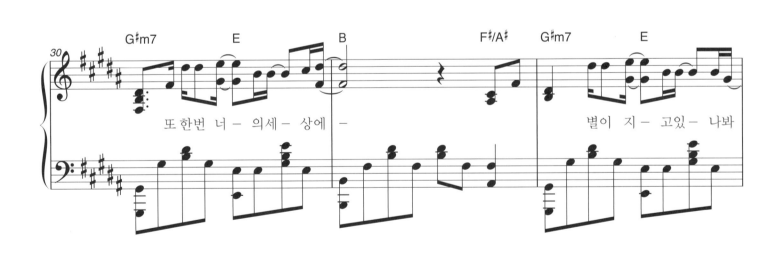

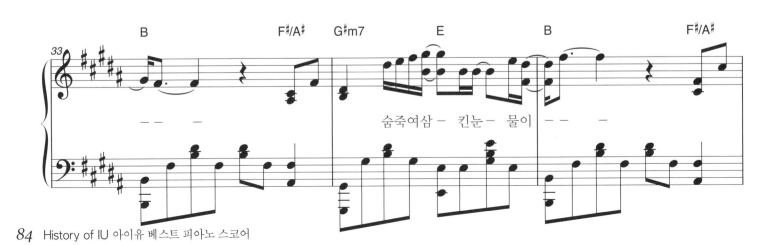

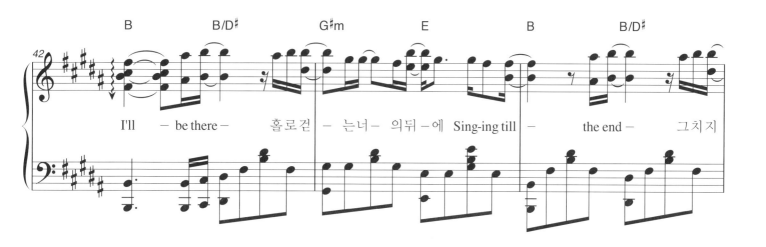

Love
poem

사랑
시

누구를 위해 누군가

기도하고 있나 봐

숨죽여 쓴 사랑시가

낮게 들리는 듯해

너에게로 선명히 날아가

늦지 않게 자리에 닿기를

『Love poem 중』

아
이
유
·
IU

Our Happy Ending

작사 아이유(IU) **작곡** 제휘 **편곡** 라몽 피아노

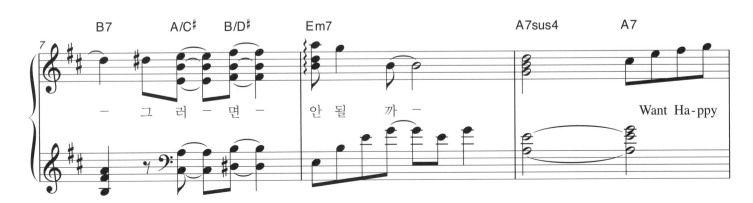

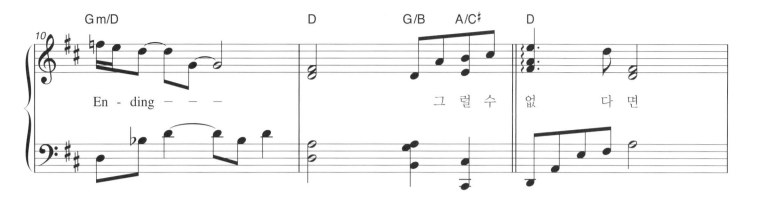

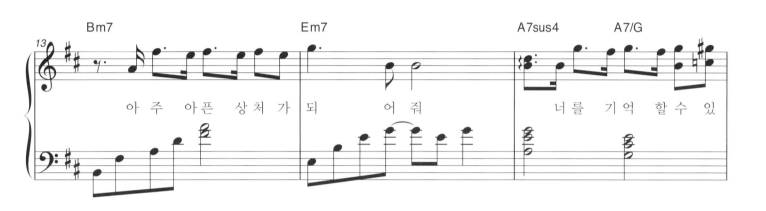

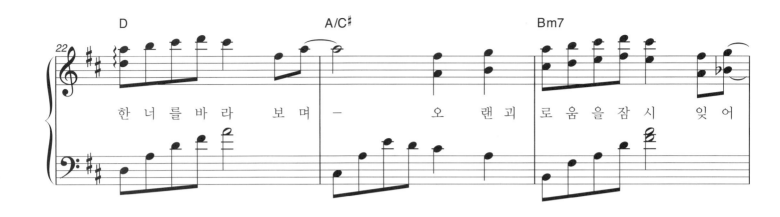

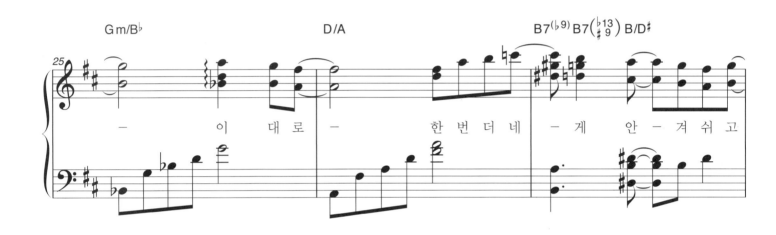

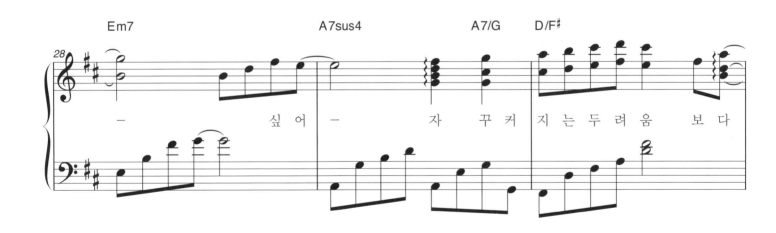

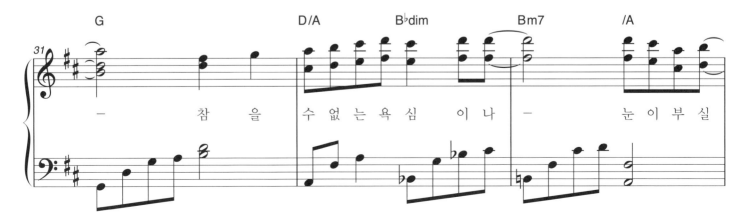

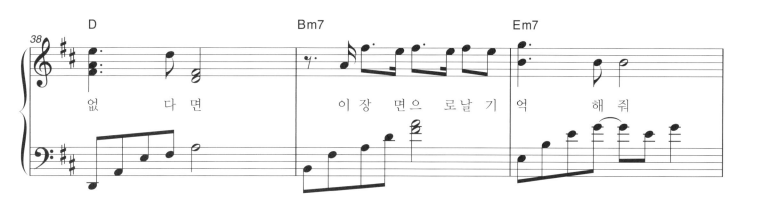

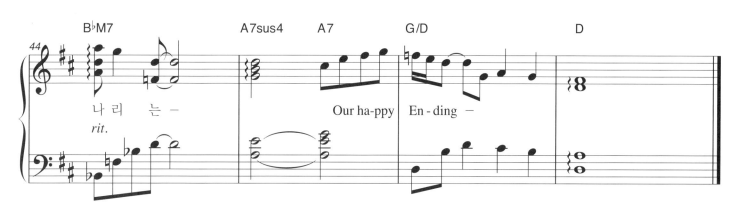

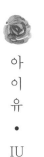

Single Album | 삐삐

삐삐

작사 아이유(IU) 작곡 이종훈 편곡 라몽 피아노

삐삐 93

아
이
유
·

IU

비밀의 화원

작사·작곡 이상은　**편곡** 라몽 피아노

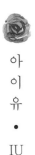

이 지금

작사 아이유(IU)   작곡 제휘   편곡 라몽 피아노

이 지금 103

의 불꽃놀 – 이 는   끝나 지 않 을 거 야

더 놀라운 건   지 금부터야

팔레트

Feat. G-Dragon

작사 · 작곡 아이유(IU)　**편곡** 라몽 피아노

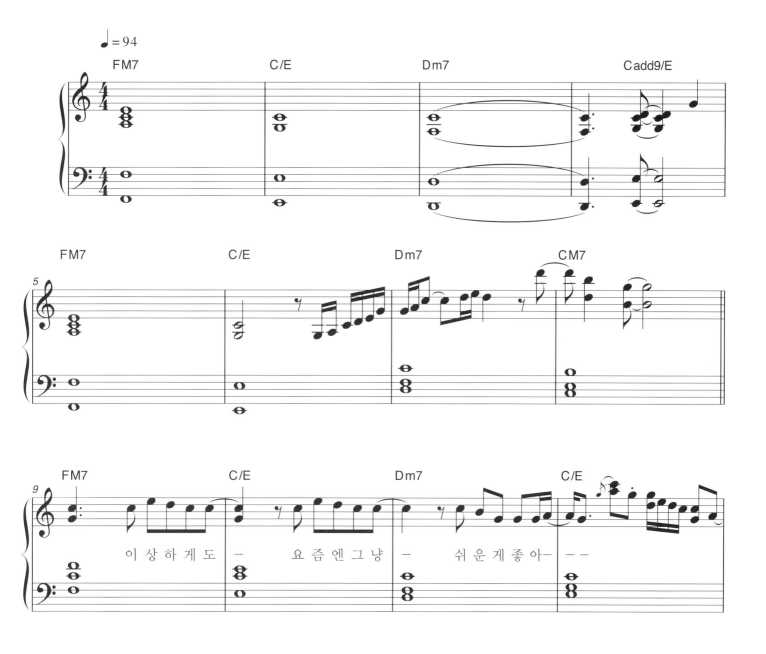

이 상 하 게 도 —　요 즘 엔 그 냥 —　쉬 운 게 좋 아— — —

하 긴 그 래 도 —　여 전 히 코 린 —음 악 은 좋　더 라

이런 엔딩

아이유
IU

작사 아이유(IU)　**작곡** 이건지　**편곡** 라몽 피아노

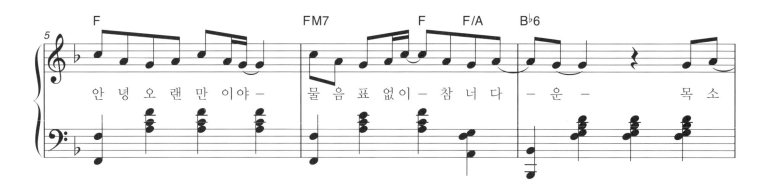

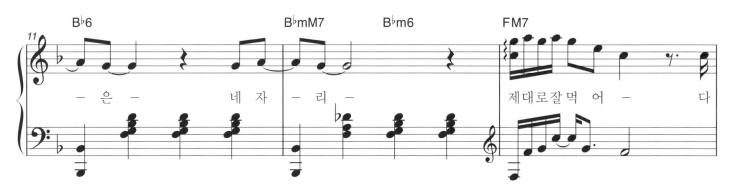

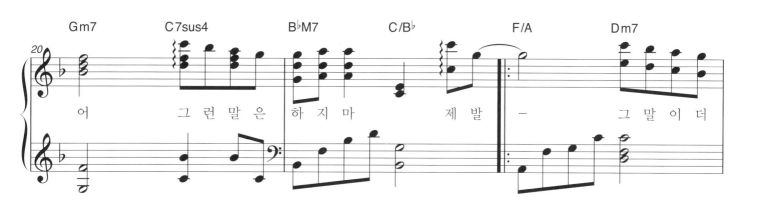

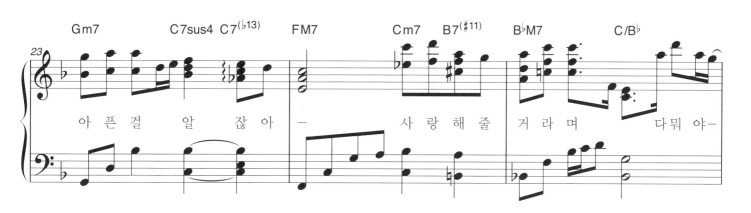

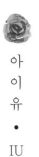

아이유 · IU

사랑이 잘

With. 오혁

작사 아이유(IU), 오혁 　**작곡** 아이유(IU), 오혁, 이종훈 　**편곡** 라몽 피아노

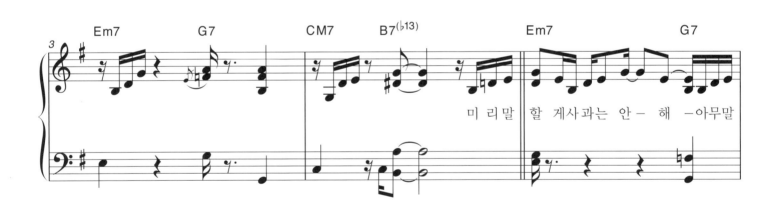

미 리말 할 게 사과는 안 — 해 — 아무말

없 이 너후회 안 — 해 　다 관 심없잖아 친 구야뭐 야 Oh you know what to do — — 피 곤해

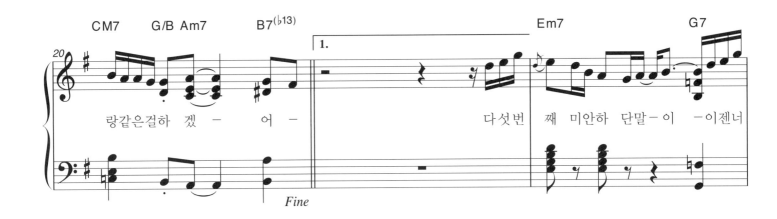

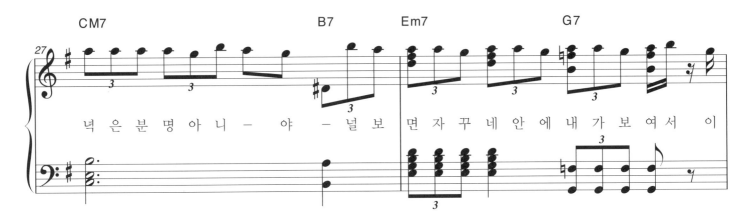

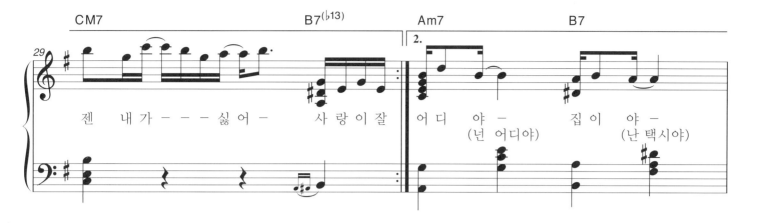

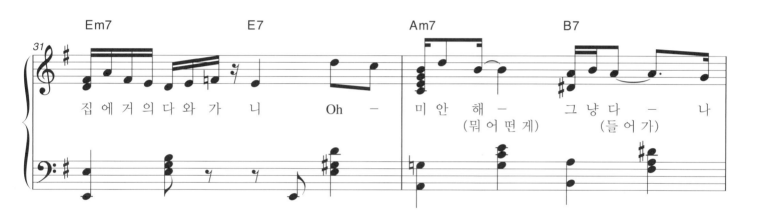

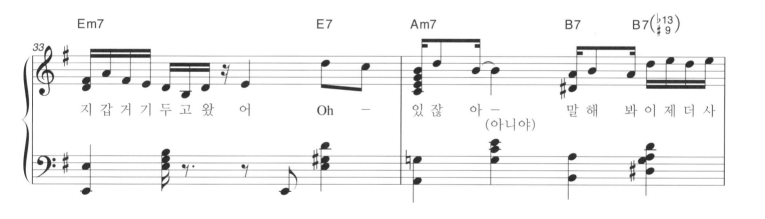

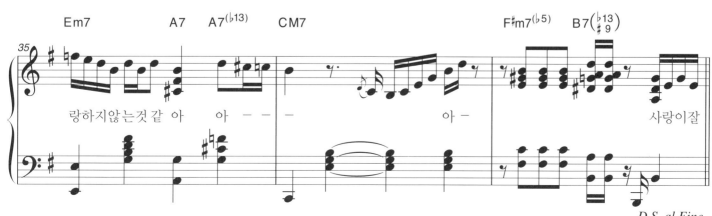

아이유 · IU

작사 아이유(IU)　**작곡** 제휘, 김희원　**편곡** 라몽 피아노

이름에게

작사 아이유(IU), 김이나 **작곡** 이종훈 **편곡** 라몽 피아노

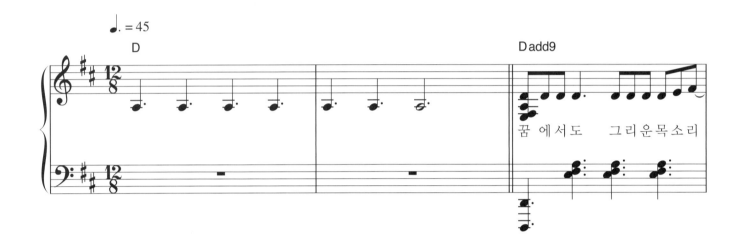

꿈에서도 그리운목소리

－는 이름불러도 대답을하지않－아

글썽－이는－ －그메아리만－ 돌아 와－－ 그소리를－－ 나혼자

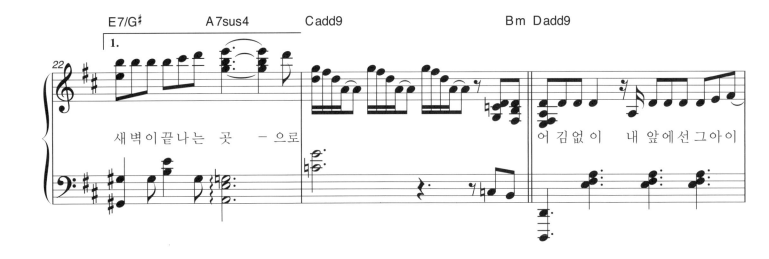

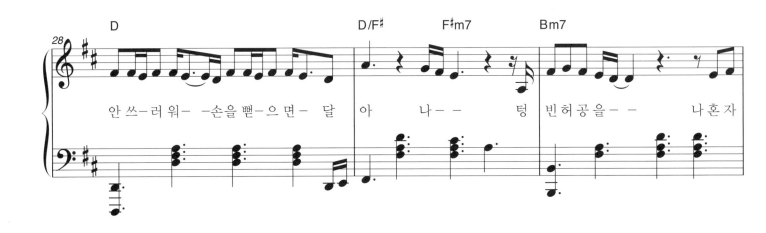

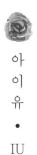

아이유 · IU

스물셋

작사 아이유(IU)   **작곡** 아이유(IU), 이종훈, 이채규   **편곡** 라몽 피아노

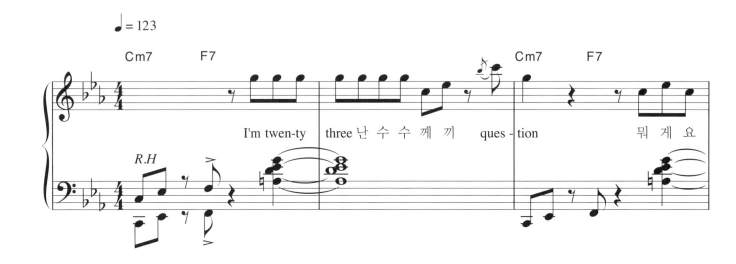

I'm twen-ty   three 난 수 수 께 끼   ques - tion   뭐 게 요

맞 혀 봐 요 ─ 응?   I'm twen-ty   three 틀 리 지 말 기   be -

cause   난 몹 시   예 민 해 요 ─맞 혀 봐   한 떨 기 스 물 셋 좀
                                                     겁 나 는 게 없 어 요

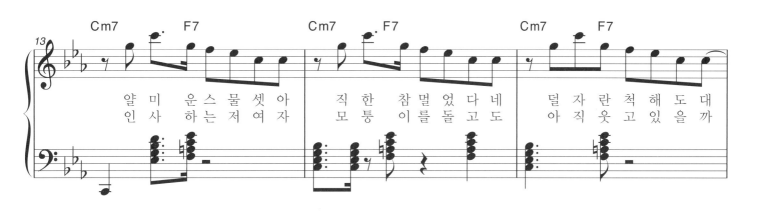

무릎

작사 · 작곡 아이유(IU) **편곡** 라몽 피아노

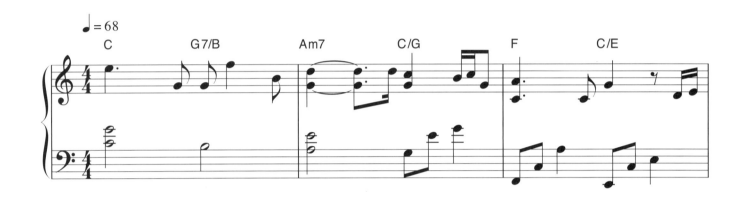

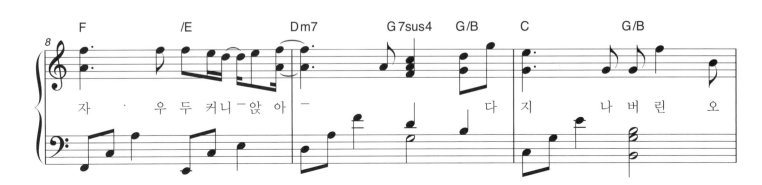

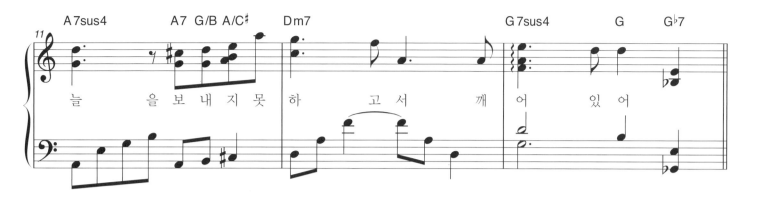

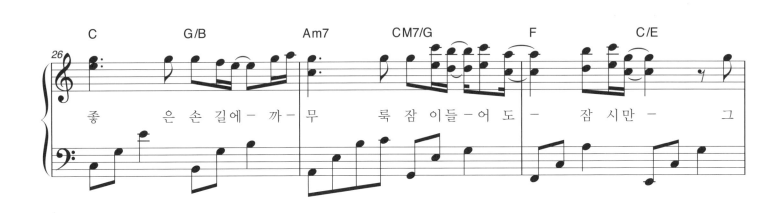

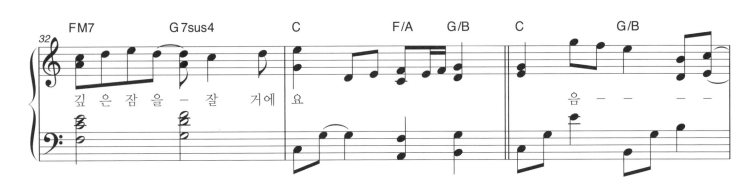

조 용 하 던 두 눈 을 다

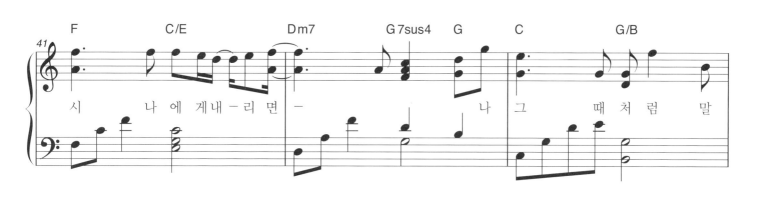

시 나 에 게 내 리 면 나 그 때 처 럼 말

갈 게 웃 어 보 일 수 있 을 까

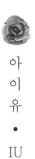

아
이
유
·

IU

작사 아이유(IU) **작곡** 아이유(IU), 제휘 **편곡** 라몽 피아노

아-픈 기 분이 드-는 건 - 그 때문 이 - 겠
슬-픈 기 분이 드-는 건 - 그 때문 이 - 겠

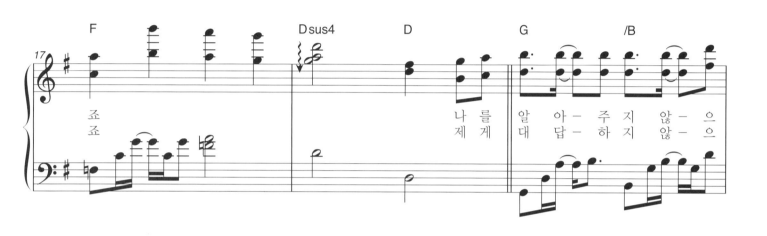

죠 나를 알 아 - 주지 않 - 으
죠 제게 대 답 - 하 지 않 - 으

셔 도 - 돼요 - 찾 - 아 오 지않 으 - 셔 - 도 - 다 만
셔 도 - 돼요 - 달 - 래 주 지않 으 - 셔 - 도 - 다 만

꺼 지 - 지않 는 - 작 은 불 - 빛 이 여 기 반 짝 살아 있어
꺼 지 - 지않 는 - 작 은 불 - 빛 이 여 기

요 영 영살아 있어요

C G/B Am7 Dsus4 D G C G/B

G C G/B Am7 Dsus4 D

G Am7 D7sus4 D7 G C G/B

반 짝살아 있어 요 세 상

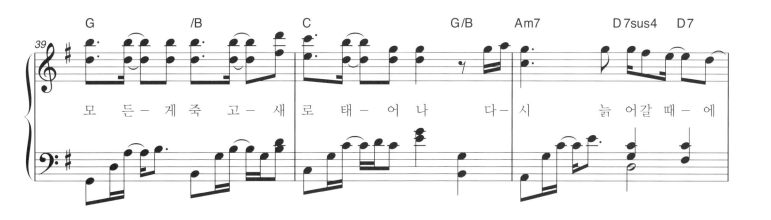

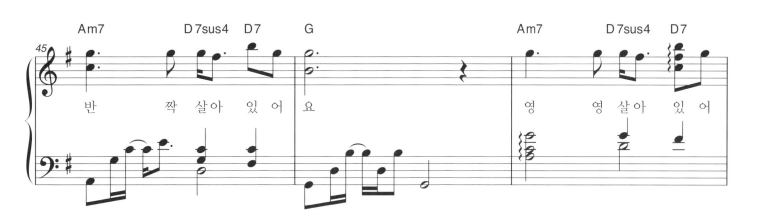

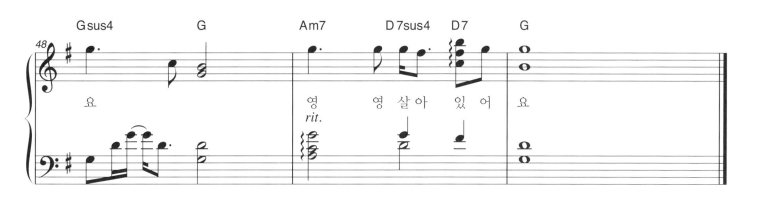

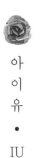

아 이 유 · IU

Remake Album | 꽃갈피

너의 의미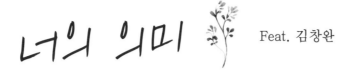

Feat. 김창완

작사 김한영   **작곡** 김창완   **편곡** 라몽 피아노

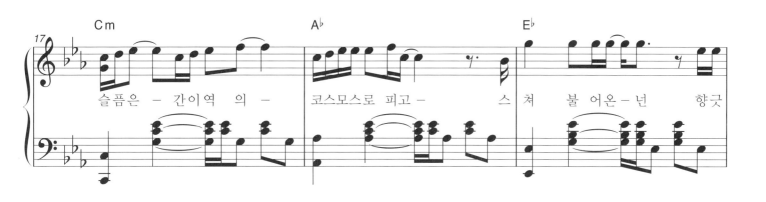

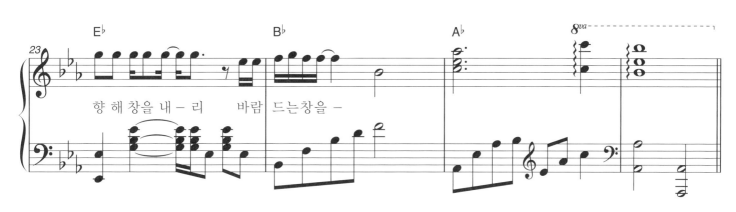

아이유 · IU

금요일에 만나요

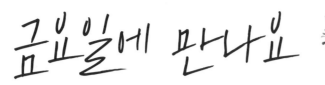

Feat. 장이정 of HISTORY

작사 · 작곡 아이유(IU)　**편곡** 라몽 피아노

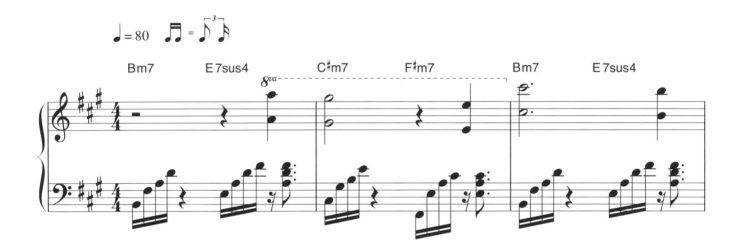

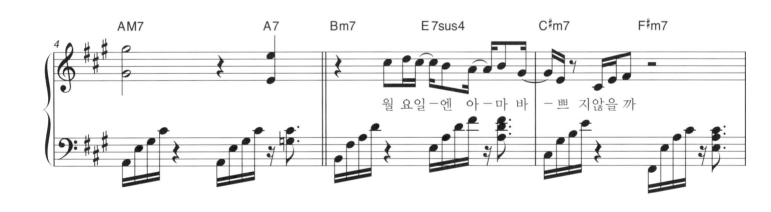

월 요일－엔 아－마 바 －쁘 지않을 까

화 요일－도 성－급 해 －보 이－지 안 －그래　　수요 일－은 뭘 가 어

-정 쩡-한 느-낌 목-요일은 - 그냥내가 왠 -지 싫어-

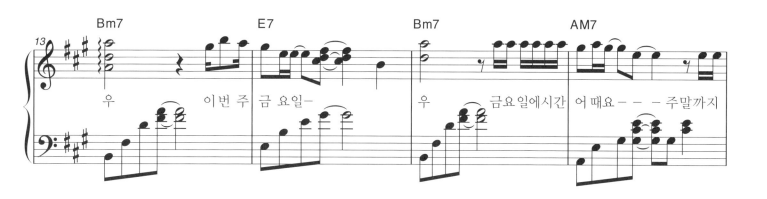

우 이번주 금 요일- 우 금요일에시간 어때요- - -주말까지

기 다 리긴힘들-어 시 간아 달려- 라-시계-를더 보 채 고 싶지-만 -

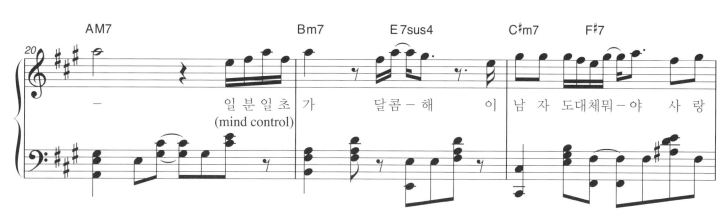

- 일분일초 가 달콤-해 이 남 자 도대체뭐-야 사 랑
(mind control)

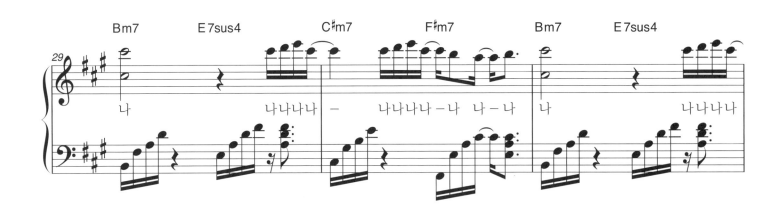

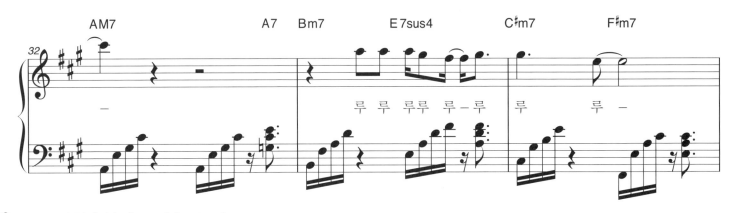

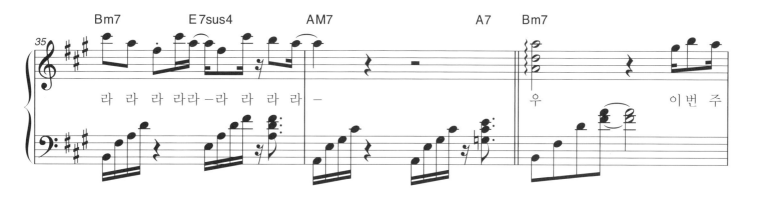

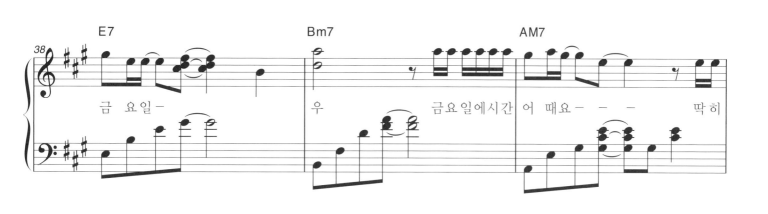

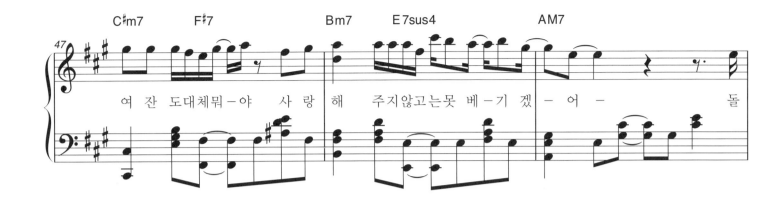

여 잔 도대체뭐ー야 사 랑 해 주지않고는못 베ー기 겠ー어 ー 돌

아 오는ー이 번ー주 금 요 일에만나ー요 그ー날 내 맘을 더가ー져 가 줘요

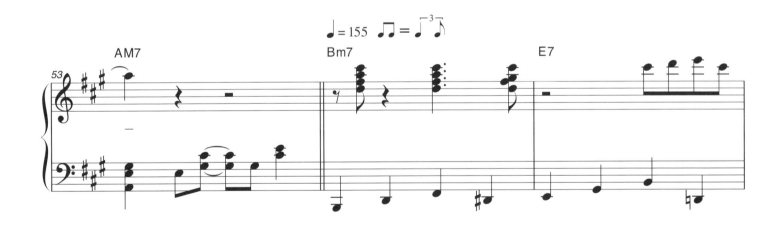

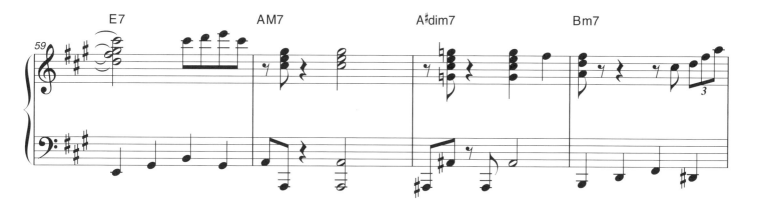

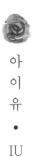

Drama O.S.T. | 최고의 사랑

내 손을 잡아

작사 · 작곡 아이유(IU)　　**편곡** 라몽 피아노

어서 내 손을 잡아

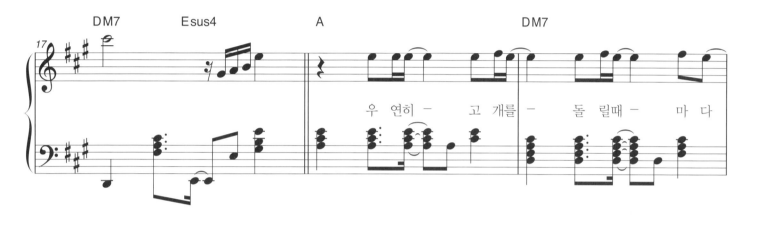

우연히 — 고개를 — 돌릴때 — 마다

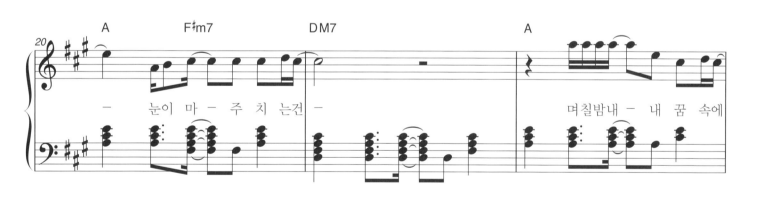

— 눈이 마 — 주치는건 —　　며칠밤내 — 내 꿈 속에

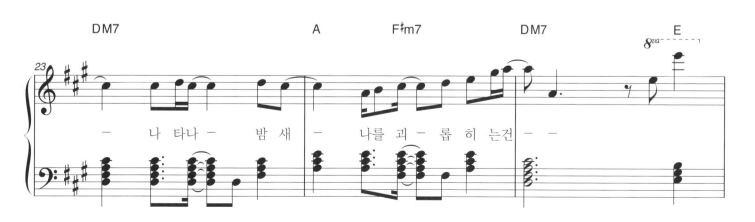

— 나타나 — 밤새 — 나를 괴 — 롭히는건 — —

그 많은— 빈 자리— 중 에서— 하 필— 내 옆 자릴— 고 르 는건

나도모르— 게 어 느 새— 실 없는— 웃 음

흘 리고— 있 다 는 건— 그럼 말 다 했지— 뭐 우리

얘 기좀— 할까 느 지금 내— 손 을 잡아

핸 드폰 – 진 동에 – 심 장이 – 덜 컥 – 내 려 앉 – 는 다 는건

– 오 나도모르 – 게 어 느새 – 짓 궂은 – 말 투

– 자 들 – 고 싶 은걸 – – (저기멀리 – 걸어 온 다

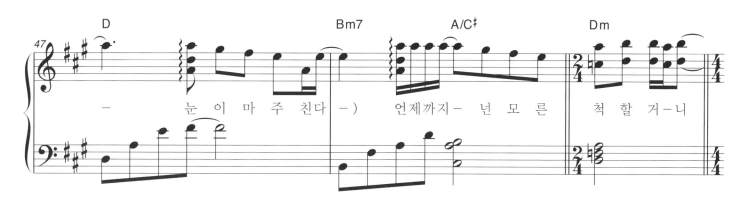

– 눈 이 마 주 친다 –) 언제까지 – 넌 모 른 척 할 거 – 니

치 만볼-거니 - 네 맘 을말-해봐 - 딴 청 피 우 지말-란 말 이야

- 네 맘- 가 는 -그 대-로 지금 내- 손을 잡아

- 그냥 내- 손 을 잡아 -

지금 내 손을 잡아 -

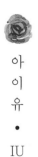

너랑 나

작사 김이나   **작곡** 이민수   **편곡** 라몽 피아노

시겔보며 속삭이─는 비─밀들

간절한내 맘 속이─야 기─

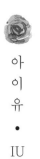

3rd Mini Album | Real

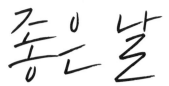

아이유 · IU

작사 김이나　**작곡** 이민수　**편곡** 라몽 피아노

어 쩜 이 렇 게 하
새 로 바 뀐 내 머

― 늘 은 더 파 란 건 지 ―
― 리 가 별 로 였 는 지 ―

3rd Mini Album | Real

미리 메리 크리스마스

Feat. 천둥 of MBLAQ

아이유 · IU

작사 최갑원　**작곡** 신사동 호랭이, 최규성　**편곡** 라몽 피아노

아이유 베스트 피아노 스코어
IU BEST PIANO SCORE

편저 김정현(라몽 피아노)

발행인 정의선
이사 전수현
콘텐츠기획실 최지환
편집 서보람, 양혜영
미술 강현희
기획마케팅실 사공성, 김상권, 장기석
제작 박장혁, 전우석

인쇄일 2024년 10월 15일

발행처 ㈜음악세계
출판등록 제406-2019-000124호
주소 경기도 파주시 Bookcity 165 ⊕10881
전화 영업 031-955-1486 편집 031-955-6996
팩스 영업 031-955-6988
홈페이지 www.eumse.com

ISBN 979-11-6680-119-8-13670

이 책에 수록된 곡은 저작권료를 지급한 후에 제작되었으나 일부 곡은 여러 경로를 통한 상당한 노력에도 저작자 및 저작권 대리권자에 대한 부분을 찾기 어려운 상황임을 말씀드리며, 저작자 또는 저작자의 권리를 대리하시는 분이 계시면 본사로 연락주시기 바랍니다.
추후 곡의 사용에 대한 저작권자의 요구 시 저작권법 및 저작자 권리단체의 규정을 따를 것을 말씀드립니다. 저작자의 권리는 반드시 존중되어야 합니다.
